学ぶ人は、変えてゆく人だ。

はもちろん、

人生の問いや、社会の課題を自ら見つけ、

挑み続けるために、人は学ぶ。

「学び」で、少しずつ世界は変えてゆける。

いつでも、どこでも、誰でも、

学ぶことができる世の中へ。

旺文社

学校では
教えてくれない
大切なこと **46**

ポジティブ思考の育て方

マンガ・イラスト 小豆だるま

旺文社

はじめに

テストで100点を取ったらうれしいですね。先生も家族もほめてくれます。

でも、世の中のできごとは学校でのテストとは違って、正解が1つではなかったり、何が正解なのかが決められないことが多いのです。

「私はプレゼントには花が良いと思う」「ぼくは本が良いと思う」。どちらが正解ですか。どちらも正解。そして、どちらも不正解という場合もありますね。

山登りで仲間がケガをして動けない。こんなときは「動ける自分が方位磁石にしたがって下りてみる」「自分もこのまま動かずに救助を待つ」。どちらが正解でしょう。状況によって正解は変わります。命に関わることですから慎重に判断しなくてはなりません。

このように、100点にもなり0点にもなりえる問題が日々あふれているの

2

が世の中です。そこで自信をもって生きていくには、自分でとことん考え、そのときの自分にとっての正解が何かを判断していく力が必要になります。

本シリーズでは、自分のことや相手のことを知る大切さと、世の中のさまざまな仕組みがマンガで楽しく描かれています。読み終わったときには「考えるって楽しい！」「わかるってうれしい！」と思えるようになっているでしょう。

本書のテーマは「ポジティブ思考」です。ひょっとすると、小学生のみなさんの中には、この言葉を初めて聞いた人もいるかもしれませんね。ポジティブ思考とは、「明るく前向きな考え方」という意味で、落ちこみそうなときや困難に直面したときの助けになるものです。この本を読んでポジティブ思考を身につけたみなさんが、前向きに物事に取り組めるようになれたらうれしいです。

旺文社

もくじ

4

スタッフ
- 執筆・編集協力
  山本あゆみ
  （有限会社　編集室ビーライン）
- 装丁・本文デザイン
  木下春圭
  菅野祥恵（株式会社ウエイド）
- 装丁・本文イラスト
  小豆だるま
- 校正・校閲
  株式会社ぷれす

する仲間たち

前田はやと

- 小学4年生。
- 思い立ったらすぐ行動するタイプで，早とちりすることも多い。
- 将来の夢はサッカー選手。

はやとのクラスメイト

まさる

- いつでも冷静でするどい意見を言う。ちょっとがんこなところがある。

ひまり

- ダンスが大好き。前向きすぎて，ときどき周りの人がついていけない。

ともよ

- ピアノが得意。少し心配性。自分の気持ちを伝えるのが苦手。

6

この本に登場

ポジ郎

- ●ポジティブ思考にくわしい, ペンギン型のマシーン。
- ●食べるとポジティブになる おにぎりを出せる。

おもちゃ屋のおじさん

- ●となり町のおもちゃ屋の店主。 へんてこなおもちゃを 自分で作って売っている。

ハピ代

- ●ポジ郎の相棒の タヌキ型マシーン。

8

10

プロローグ

1章 ポジティブになりたい！けど…

ポジティブとネガティブ

ワシは「ポジぎりマシーン」のポジ郎や。

あやしいもんちゃうでー

よろしくな。

…ポジぎり？

あや…！

ブン ブン

これや！「ポジティブおにぎり」略して「ポジぎり」！

チッチレー♪

！

これを食べると気持ちがポジティブになって元気が出るんや。

さ、めしあがれ♪

いらないよ！

いや、その…そもそも「ポジティブ」って何なの？

質問、いっちょー！入りました！

ヒャッホーッ

あ…。

栄養満点なのに…。

意外とおいしいのに…

14

ポジティブってどういうもの？

大丈夫
だよ！

ポジティブ

それ
いいね！

積極的　　前向き　　明るい気分でいる

その服
カワイーね！

♪

昨日より
上手に
おどれてる!?

反対の意味は…

なんか
イマイチ…。

ネガティブ

ムリだよ…。

消極的　　後ろ向き　　心配や不安が多い

今日の髪形
全然 あかんわ…

あかんわ
ワシ…

リフティング
100回！

オレには
ムリだよ～

GOGO

ポジティブとネガティブを比べると…

テストの点数が悪かった…

ネガティブだと	ポジティブだと

私は何をやってもダメだ…。

次はがんばろう！

友だちにさそいを断られた…

ネガティブだと	ポジティブだと

きらわれてるのかな…。

今日は本を読もうかな！

新しいことにチャレンジ！

ネガティブだと	ポジティブだと

失敗するかも…。

とにかくやってみよう！

同じ状況でも，考え方がずいぶんちがうね。

じゃあ、今日の失敗も前向きにとらえると…。失敗したけど…

なるほど。

失敗や不安も、前向きにとらえるのがポジティブや！

悪いことは言わん。さっさとポジぎり食べとき。

でも目立てても負けたらダメじゃん…。

そう！目立てた！でも！？

目立てた！

ポジティブだと何がいいの？

ワシはなー、落ちこんだり不安になったりしている子たちに元気になってほしいねん。

このポジぎりの力でな。

さっきもう少しで立ち直れそうだったんだけど？

君が余計なこと言わなきゃ…

兄ちゃん、つべこべ言うてる間に効き目がなくなるで？

え!? マジで!?

じ、じゃあ…。

よっしゃ、ええ子や。

おそるおそる

カプッ

……。

ぱあああぁっ

18

ポジティブだと毎日が楽しい！

ポジティブでいると，いいことがたくさんあるぞ！

● 不安を乗りこえられる

● 自分の気持ちを大切にできる

他にも…
- 人をうらやましいと思わなくなる
- いろいろなことにチャレンジできる
- 友だちのいいところにたくさん気づける
- 一人でいても楽しく過ごせる
- ストレスがたまらなくなる　など。

1章 ポジティブになりたい！ けど…

ポジティブに似ているけれど…

前向きで明るいように思えるけど，次のようなものはポジティブ
とはちょっとちがうんだ。なぜだかわかるかな？

 行動がともなっていない

 **根拠がない**

 反省しない

 自分を過信している

 無責任な態度や，口先だけの行動では，
真のポジティブとは言えへんで！

先のことが心配

POSITIVE

次の日。

ペンギンから
おにぎり…？
信じられないな。

本当だって！
なら家に
見に来いよ！

おもしろ
そう！

行く
行く〜♥

ね？
ともちゃん。

そ、そうだね。
ひまりちゃんが
行くなら…。

おじゃま
します。

し〜ん

あれ？
動かないぞ。

寝てる
のかな？

おーい？

カッ

1章 ポジティブになりたい！ けど…

先のことが心配なら…

こうやって
ポジティブに
なろう！

失敗するかも…。

あっ
まちがえた！
あっ
また!!

ハプニングが起こるかも…。

道に迷った!?
おくれそう
〜〜
!!

こう考えたら
ポジティブに
なれる！

努力したから大丈夫！

たくさん
練習したんだから
大丈夫！

準備しておけば大丈夫！

場所チェック
よし！

目覚まし
よし！

今やるべきことに集中すれば，心配事が少なくなるで！

28

どーしたん
だよ？
まさる。

だって…
おかしい
だろ！

ペンギンに
へそがあるなんて！

コレ？

え？

それ
変なの？

いかにも…。
卵から生まれる
動物にへそはない。

たまご卵

君…
よう知っとる
のう？

ぼくは…
ぼくはな…！

プイッ

さー、好きな
動物さんを
かいて
みましょうね！

はーい！

まさる4才

できたー！
ペンギン
だよ。

まあ、
かわいい。

あれ？

30

1章 ポジティブになりたい！ けど…

失敗を忘れられないなら…

こうやって
ポジティブに
なろう！

失敗を思い出すたびに落ちこんでしまう…

なんで
あんなミスを…！？

こう考えたら
ポジティブに
なれる！

原因がわかれば
次は同じ失敗をしない！

バトンをもらう練習を
してなかったからだ…

サッ

サッ

チャレンジした自分を
ほめる

あきらめずに
最後まで
がんばれた！

失敗をバネに，成長できることだってあるんやで！

となり町の
おもちゃ屋で
作られたん
やけど…

この
へそは、
そこの店主が
うっかりミスで
付けたもの
なんや。

ププッ
うっかりで…
へそ…。

ペンギンに
へそなんて!!
ハズカシイわっ!

…って
思ってたけど、
今はこれも
ワシの個性
かなって。

それって
ポジティブ
シンキング?

せやな。

ねえ、
でもさー、
どうして
となり町から
ここに来たの?

ビクッ

確かに、
歩いて来ると
結構遠いよね。

それで
充電が
切れたのか。

ブ・ブ・ブ…

うっ…

ど、
どうした!?

プルプル

34

ポジぎりマシーン　ポジ郎

食べるとポジティブになれるおにぎり「ポジぎり」を出してくれる，不思議なロボットだよ！

おでこにお金の投入口があるよ！

へそを思いっきりひねると，おなかからポジぎりが出てくるよ！

充電中は体の色が変わるぞ！

関西弁をしゃべるよ。

おなかの中でポジぎりが生み出されるんだ！

どこからお米を入れるのかはナゾなんだ。

コンセントに差して充電するよ。充電はすぐなくなるよ。

人と自分を比べてしまう

ワシには
相棒が
いてな…。

「辛口おみくじ
マシーン」の
ハピ代と
「ポジぎり
マシーン」の
ワシ。

二人は町の
名物コンビ
だった。

おみくじ
引こーっと。

オレも！

ゲッ！
「待ち人は
来ない」
だって！

「今月の運は
もうない」
ひでー！

ふん。

くそっ。
次は
ポジぎりだ。

来ないなら
自分から
会いに行くさ！

よし！
来月
がんばろ！

その意気や。

36

それで歩き回ってさがしてたのか。

コクリ

そんな!!

へっ

ハピ代はワシがいやで出て行ったのかもしれんな……。

だって、ハピ代に比べてワシはかしこくも面白くもない。

ハピ代に比べてワシは……ワシは……。

ズーン……

全然ポジティブじゃないぞ。大丈夫か?

もともとこういう性格なんや!

ポジぎりは出すが、いつもポジティブとは限らない……。

ジャニしーな

ギャー

ギャー

せ、せんさいなんだよね?

ちょ…!

ね。別にハピ代さんと比べなくてもよくない?

38

人と比べてしまうなら…

こうやって
ポジティブに
なろう！

きょうだいや友だちと自分を比べて落ちこんでしまう…

うらやましいな…。

お姉ちゃんは
何でも
できるな…

オレにはムリだな…。

あんなの
できないよ…

こう考えたら
ポジティブに
なれる！

自分にしかできないことを
見つけるチャンス！

私にも
得意なことは
あるよ!!

くやしい気持ちを原動力にして
がんばれる！

オレもがんばる！

人は人，自分は自分。好きなことや得意なこと
がちがうのは当たり前やで！

だってさー、おにぎり出せるペンギンなんて他にいないよ？ポジ郎はすごいよ！

うん。しかもへそ付き。

え？　そ・・・そうか・・・？

それに、ハピ代さんだって何か用事があって出かけただけかもよ？

・・・まあな。

確かに出てった理由を聞いたわけじゃないしな

でも・・・おもちゃ屋さんは困ってるかも・・・。

マシーンが両方ともいなくなったんじゃな。

オレたちもハピ代をさがそうぜ!!

いいね！賛成〜!!

み、みんな・・・ありがとう。

ってことで私にもポジぎりちょーだい。

食べてみたい♡

君には必要なさそうやけどな。

なに!?

2章

どうしたらポジティブになれる？

深呼吸する

ハピ代さんに何か変わった点は？

…特には。

行きそうな場所に心当たりは？

さあ〜。ワシらずっとおもちゃ屋におったから、外のことは…。

じゃあ、そのおもちゃ屋に行けば何かわかるかもな。

意外ともう帰ってたりして。

うちの犬がいなくなったときもそうだったよ！

いるじゃん！

よし！じゃあ出発だ！

ええ!?今から!?

急げ、ポジ郎！

ダダダ

42

2章 どうしたらポジティブになれる？

深呼吸してリラックスしよう！

きんちょうすると…

呼吸が浅くなる

悲しいと…

ため息が出る

イライラすると…

鼻息があらくなる

ポジティブ気分に
なりたいときは
深呼吸！

吸って〜〜っ

はいて〜〜っ

スッキリ

呼吸が落ち着いてリラックスできるよ！

この他にも，ポジティブな気持ちになるための方法を2章でたくさんしょうかいするで！　できそうなものを試してみよう！

体を動かす

次の日。

結局おもちゃ屋さんには行けなかったの？

そうなんだよ。とちゅうで充電が切れちゃってさあ。

前もって備えないから…。ブツブツ

ハピ代に見捨てられた上にさがすこともできないなんて…。

それですっかり落ちこんじゃって…。

かわいそう…。

自分でポジぎり食べれば元気出るんじゃない？

それだ!!

ポジ郎！起きろ！ポジぎり出して自分で食べなよ！そしたら元気…

2章 どうしたらポジティブになれる？

体を動かして気分転かんしよう！

気持ちがしずんでいるときは，体を動かしてゆううつな気分を吹き飛ばそう！

ストレッチ	縄とび

ジョギング	ダンス

運動すると，体が温まって気分も明るくなるね！

運動が苦手なら，大きな声で歌ってみたり，手をグーパーしたりするだけでも OK だよ！

50

いやな気分の原因からはなれよう

悲しいできごとを見たり聞いたりして落ちこんだときは，どうすればいいのかな？

災害のニュース

うわさ話や悪口

〇〇くんってさー…

ヒソ　ヒソ　？

そんなときは

テレビや動画を見ない

プチッ

その場からはなれる

ヒソ　ヒソ

ＳＮＳを見ない

パタン…

心がつかれてしまうときは，いったんその原因からはなれて気持ちを落ち着かせるんや。

好きなものにふれよう

好きなもの・ことが身近にあると，明るく前向きな気持ちでいられるね。

本を読む

好きな絵や写真を見る

音楽を聞く

好きな場所に行く

お気に入りのものをかざる

自分がごきげんでいられる方法を探してみよう。

ひまりの ポジティブ生活 その1

キャー ♡ ぶどうゼリー きたーー!!

ツーン

あったまきた※

ゲラ ゲラ ゲラ

ブッ ブッブッ おえっ

あーーっ スッキリ!!

泣きたいときも がまんしない♪

ひまりのポジティブポイント その1

思いっきり喜ぶ, 怒る, 泣く, 笑う!

生活リズムを整える

バイバーイ。

練習がんばってね。

おう！また明日〜。

あ、コーチ。ちゃーす！

はやと、ちょっといいか。

提案なんだけど…。

え!?ついにレギュラー入り!?

FWからDFにポジションを代わってみないか？

DFに代わってみないか——

いい経験になると思うんだけど…。

おーい、聞いてるか？

ガーン…

DFに…DFに…

DFに

完全フリーズ

※FWは攻撃、DFは守備のポジションだよ！

56

2章 どうしたらポジティブになれる？

規則正しくポジティブ生活！

生活リズムを整えると，心も体も元気になるよ。

早起きして元気に
1日をスタート！

早く寝る

寝ている間に，筋肉や骨を成長させる物質が体内で作られるんだよ。

朝日を浴びる

日光を浴びると，心を安定させ，集中力を高める物質が体内で作られるんだ！

夜はおふろに入る

寝る1〜2時間前におふろに入ると，寝付きがよくなるんだって！　湯船につかろう！

朝ご飯を食べる

体が温まり，頭もシャキッとして勉強もはかどるよ！　お通じもよくなるんだ。

昼間にたくさん体を動かすと，夜ぐっすり眠れるんや。

2章 どうしたらポジティブになれる?

つかれちゃった

日曜日の朝。

みんな！
となり町へ
出発だ！

ぼうけん
みたいで
楽しいね！

ほんとだね。

…のはずが、
1時間後。

ポツン

わっ！
降ってきた！

急ごう！

えっ、こんな
雨の中
行くの!?
やだな…

予報は晴れ
だったのに…。

ひまりちゃん…
待って…。

腹減った…。

言い出しっぺが
情けないな。

みんな
おそーい!!!

60

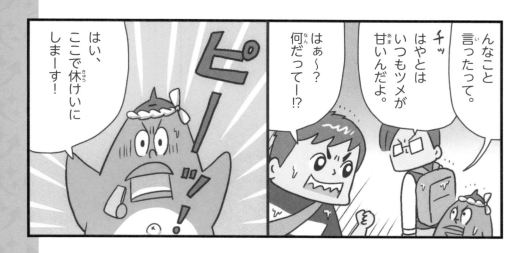

ポジティブになれない原因は何だろう？

なんだかイライラ…。 なぜか落ちこんじゃう…。

そんなときは…ここを ✓ チェック！

☐ おなかすいてないかな？

お昼ご飯食べてなかった！

☐ 寝不足じゃないかな？

夜ふかししたから眠いな…。

空腹やすいみん不足はポジティブの大敵！　まずは休けいして，体を回復させよう！

63　2章 どうしたらポジティブになれる？

ポジティブに なれないとき チェックリスト

楽しい気分になれないときは，こんなところにも原因があるのかも？　当てはまるものがないかチェックしてみよう！

□ ここをチェック
寒くないかな？

体が温まるものを飲もう！
ココアや温めた牛乳がおすすめだよ！

□ ここをチェック
暑くないかな？

暑いと頭がボーッとしちゃうよね。
すずしい場所で休んで水分をとろう！

□ ここをチェック
痛いところはない？

もしけがをしているのなら，
すぐに手当てしようね！

□ ここをチェック
熱はない？

がんばりすぎて体調をくずして
いないかな？

ひまりのポジティブポイント その2

物事は，いいほうにしか考えない。

お前さんたちが出てってから店がすっかりヒマになっちゃってなー。

え!?

きっとワシらのせいで客が減ったんや…。

ヒュルルルン

おもちゃのクルクル

おやっさんも心なしかやつれてしもうたな…。

さ、みんな。ここがオレの店だよ。

ワイワイワイワイ

いや、大はんじょうしとるかーーーい!

新作おもちゃが大ウケなんだよ！

ヒマだったからいっぱい作っちゃったー

新作おもちゃあそびほうだい！

2章 どうしたらポジティブになれる？

小さな成功を見のがすな！

ささいなことでも，自分の力でやりとげたことを見つけてみよう！

昨日より1回多くできた！

今日は11回！

今日は2ページ本を読めた！

続きはまた明日♡

パタン…

3行日記を1週間続けて書けた！

今日で1週間！

苦手なにんじんを食べられた！

1切れ飲みこめた！

去年よりタイムが縮まった！

「できた！」と感じることが増えていくと，自信がわいてくるで！

これ楽しい〜!

ぴょーーん

素晴らしいジャンプ力だろ?

このカメラも最初はうまくいかなかったが、

小さな成功を重ねてここまできたんだ。

ヒヨコまで出せるようになった!あと一歩!

ウケてはいる!

勢いはばつぐん!

ドッカーン

そしてついに完成

おやっさんはこうして子どもたちにおもちゃを作ってきたんやな。

そうだ!ハピ代のことなんだけど…。

行きそうな場所とか心当たりないですか?

うぅーーーんっ…わからんなぁーーっ…うーん、うーん

あ、そんなに悩まなくて…

でも、ま、あいつのことだ。元気だろ。

ポロッ

70

おやっさんの
新作
おもちゃコレクション❶

おもちゃのクルクル

スーパー・ホッピング

ピョーーン

●すごく高く飛ぶぞ！　どこへ飛んでいくかは運任せ！
●絶対に転ばない安心設計。おやっさんの優しさだね。
●飛んでいった先で会った人にあいさつできると，ポイントが
　加算されるしくみだよ。
●たまったポイントは，おもちゃ屋で買い物をするときに使え
　るよ！

……。

アタシ…ずっとこのままおみくじマシーンでいていいのか、悩んでたの。

他にもっと…

やりたいことがあるんじゃないかって…。

相談してくれたらよかったのに。

そうやったんか。

ごめん。でも、まずは自分の心と向かい合いたかったの。

見てコレ。

ハピィゼ
心の日記帳

なんで日記?

甘いわねボウヤ

自分の気持ちを整理できるからよ。

うれしかったことや悲しかったこと、何でも書くの。

すると…

自分の気持ちを書き出してみよう

感じたことを紙に書き出すと，自分の気持ちを整理しやすくなるよ！

うれしかった！

もやもや…。

アタシも〇〇したい…。

うらやましいな…。

△△してると楽しい！

〇〇にイラッとした

△△したい

××がうらやましい

アタシってこんなことを考えてたんだ！

紙に気持ちを書き出すと…

- 気分がスッキリする！
- 自分のことがわかってくる。（何が好きか，何をしたいか）
- 「いやだな」と感じた原因がわかってくる。

ポジティブへの第一歩！

感情を文字にすると，自分のことを冷静に外からながめることができるんやな。

76

ポジティブ言葉を使う

78

ポジティブ言葉に置きかえてみよう

ポジティブな言葉で表現すると，物事の見え方が変わってくるよ！

●おかしが…

もう3個しかない…。

まだ3個もある！

●宿題が…

難しいよ…。

やりがいがあるね！

●洋服選び…

優じゅう不断なの…。

じっくり考える**タイプ**なの！

言葉を変えるだけで，とても前向きな印象になるな！

まだまだあるぞ！ ポジティブ習慣

気分転かんして前向きな気持ちになりたいときに試してみよう！

そうじする

自分で部屋をきれいにすると気分がスッキリするよ！

音読する

気分がリラックスする効果があるんだ！
好きな本や国語の教科書でやってみよう。

細かい作業をする

目の前のこと，自分のことだけに集中していると，いやなことを忘れられるんだ！

おやっさんの
新作
おもちゃコレクション❷
おもちゃのクルクル

的が動くぞ！　射的ゲーム

スタタタタッ

えーと
えーっと…
どっちに
にげよう

スタタタ

- ●ねらった的がにげていくぞ！
- ●よく聞くと，的がしゃべっている！　耳をすませよう！
- ●的に当てるとポイントが加算されるしくみだよ。
- ●的に当てても，景品は特にはもらえないよ。

やる気が出ない

ともよ、
ついに発表会！

これまで
がんばってきた
私の
演奏…。

タ
ラ
ラ
ラ

○○ピアノ教室発表会

毎日
休まず練習。

でも
あきらめ
ないで…

くじけそうに
なりながら…

うまくできるか
心配

ジャ・
ジャ
ジャーン♪

お、
終わった──！

よ！
やってる？

相変わらず
はやらない
店だな。

あんたのその口
つねってやるわ。

ワー
パチ
パチ
パチ

へ
な
へ
な

OPEN

OPEN

84

2章 どうしたらポジティブになれる？

たまにはリフレッシュしよう！

がんばりすぎた反動でやる気が出ないときは，こんなふうに気分転かんしてみよう。

いったんやめてみる

しばらくお休みしようっと。

他のことをする

ダンスも楽しいかも！

とにかくボーッとする

何もせず，ただ目の前の景色をながめてみると，心がリラックスしてくるよ。

いつもがんばっている自分を休ませてあげるのも，ポジティブでいるための秘けつやで！

2章 どうしたらポジティブになれる？

ポジティブな気持ちを相手に伝えよう

「いいね！」と思ったことは，素直に言葉にしよう。相手にポジティブな気持ちが伝わると，自分もうれしくなるものだよ。

●「好き！」を伝える

今日の髪形いいね！

うれしい！

●「すごい！」を伝える

ダンス上手だね！

自信になる！

●感謝を伝える

ありがとう！

半分持つよ

役に立ててよかった！

心の中で思うだけじゃなく，言葉や文字にすることが大事なんだ。手紙を書くのもいいね！

いつもおおきに…

辛口おみくじマシーン　ハピ代

ポジ郎の相棒の，辛口おみくじマシーンだよ！　今はクッキー屋さんになるため，がんばっているんだ！

毎朝2時間かけてヘアセットしているよ！

おみくじもクッキーも辛口が大好きだよ。

口からおみくじを出すよ！

アイシャドーの色は気分によって変えるよ。

おみくじは，小さいハピ代たちが書いているんだって！

ポーカーフェイスだけど，しっぽに気持ちが表れがちだよ。本心をかくしているときは，ねじれてしまうんだ。

3章

ポジティブで
いれば
乗りこえられる！

チャレンジを楽しめる

ぬかせ
ないぞ！

くそっ！
はやとの
守備は
しつこいな！

DFも
だんだん
慣れてきたな。

ピーッ
集合ー，

来月、レギュラー
昇格テストをする。

4年生以上は
だれでも
参加できる
からな。

ガンバレよ！

ハイッ

うおーっ！
ついに
このときが
来た！

…と
言いつつ。

ビビっとるんか？

ブル
ブル
ブル
〜〜

そ・そ・そ
そういうわけ
じゃ!!

なんや！
急に弱気に
なって！

うう〜ん…
オレ合格
できるかな…。

こんなときこそ
ポジティブに
いくんや！

③章 ポジティブでいれば乗りこえられる！ ※大きな勝負の前に，ワクワクして体がふるえること。

勇気がわいてくるポジティブシンキング

新しいことにチャレンジするのは少しこわいよね。そんなときこそ，ポジティブな考え方が役に立つんだ！

3章 ポジティブでいれば乗りこえられる！

勉強も楽しくなる

は
っ
よ
っ

ほ
っ

へ!?
テスト?

ま、こっちの
テストもな。

昇格テスト、
がんばってね!

気合
入ってるねー。

先生の話
聞いてたか!?
明日は
小テストだぞ!

明日
小テスト
しますよー

ハ、ハハ!
あったり前
じゃん!
漢字テスト
だろ?

算数だよ。

スーン…

3章 ポジティブでいれば乗りこえられる!

ポジティブに勉強に取り組むコツ

- ☐ まちがえた問題は「弱点を知るチャンス」だと考えよう！
- ☐ できたところにシールをはったり印をつけたりすれば，自分の達成度が一目でわかるよ。
- ☐ 好きなノートや筆記用具を使おう。
- ☐ 気になったことは教科書以外でも調べたり，友だちに聞いたりしてみよう。

ポジティブに取り組むとこんなにいいことがある！

まちがえることがこわくなくなる！

新しく習うことに興味がわく！

友だちと教え合うこともできる！

勉強も楽しくしてしまう。それがポジティブ思考なんや！

3章 ポジティブでいれば乗りこえられる!

キーン
コーン
カーン
コーン

この町のお店の
ポスターを作ろう

お店を宣伝する
ポスターを作ってみましょう。
どのお店でもいいですよ。

ハピ代の
クッキー屋さんに
しようよ！

いいね！

待て待て！
こういうのは
最初が
かんじんなんだ。

慎重に
店を選んで……

できた！

早っ！

見て見て〜！

聞けよ
人の話を

ハピ代のクッキー
食べれば
みんなハッピー♪

みんな
来てね

じゃーん

102

どっちも大事！ ネガティブとポジティブ

反対の意味の「ネガティブ」と「ポジティブ」，それぞれいいところがあるんだ！

ネガティブさんの場合	ポジティブさんの場合

こんなとき… 失敗！ケーキがこげちゃった！

原因を見つけるのが得意！

温度？ 焼き時間？ 水分量？

なぜ失敗したんだろう…。

解決方法を考えるのが得意！

こうすれば食べられる♪

失敗をカバーしよう！

こんなとき… 初めてのスポーツに挑戦！

危険を防ぐのが得意！

1 . 2
3 . 4

しっかり準備運動をしよう。

チャレンジするのが得意！

ぴょ〜ん
ぴょ〜ん

新しいことにワクワク！

ネガティブとポジティブは両立する

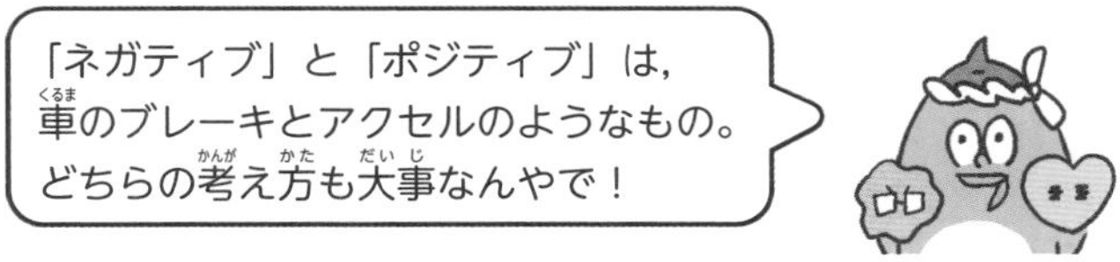

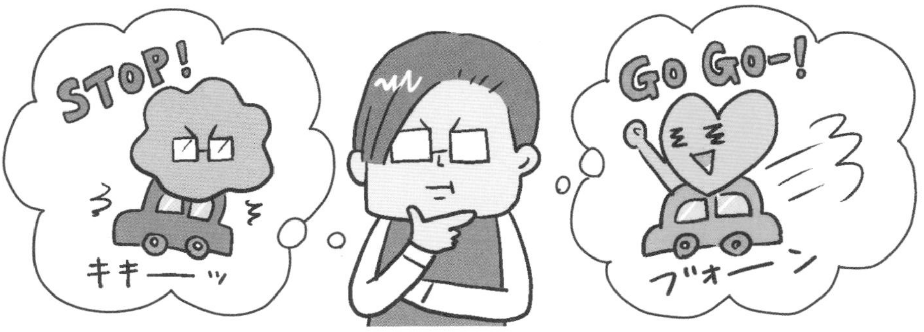

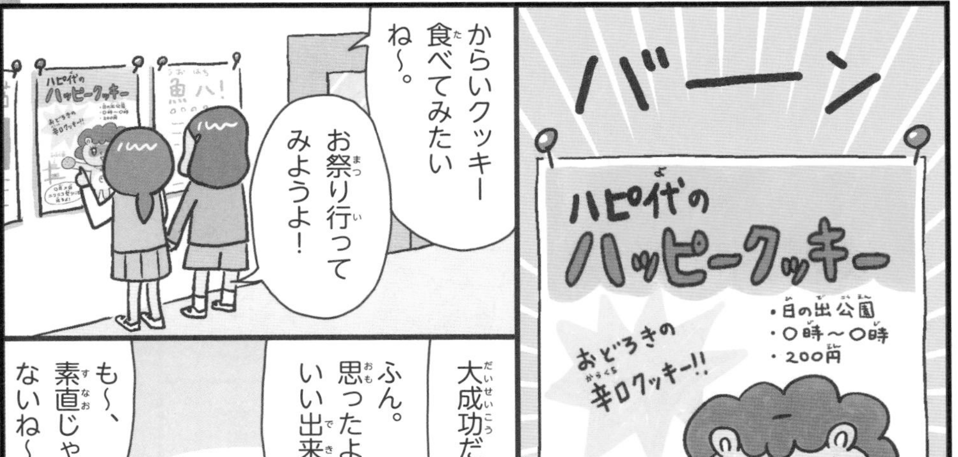

ポジティブの形は人それぞれ

ハピ代ーっ！ポスターあげる！みんなで作ったんだよ。

コピーして町内の掲示板にも張ったよ！

あら、ステキ。ぜひひかざらせてもらうわ。

はぁ～っ

どないしたん？元気ないな。

あのポスター…。本当はもっといいものにできたのに…。

まさるは理想が高いんやな！

そんなんじゃないけど…。

ええニャ

…そういえば今日ははやととともよは？

せっかくほめたのに…

サッカーとピアノの練習だって。

そうか。みんないそがしいんやな。

明るく前向き，だけがポジティブじゃない

うらやましい…

細かい性格…。

悲しい…

人のことが
気になる…。

イライラ…

心配性…。

不安…

くやしい…

前向きじゃないけど…大丈夫！
ありのままの自分を
受け入れよう。

なんでこんなにネガ
ティブなんだろう…。

ネガティブだから，細かい
ところによく気がつくんだ！

さすが
ぼく
だ！

は
ぁ
ぁ
ぁ
ぁ
ー
っ

ネガティブな感情も否定しなくていい。
どんな気持ちも自分のもんや！

3章 ポジティブでいれば乗りこえられる！

ハピ代の 辛口おみくじ集！

アタシの辛口に
たえられるかしら？

チャンス

待つだけムダよ。

友だち

けんかばっかりね。

習い事

そのまま続けても
上達しないわよ。

「自分から行動しろ」と
はげましてるんやな！

本音を言ってぶつかり合え
る友だちということや！

練習のしかたを変えて
みたらどうや？

110

ファッション	スポーツ	勉強
その服で出かけるの？本気？	ケガしても知らないわよ。	このままでは大変なことになるわね。

個性的なのはええことや！

準備運動をしっかりな！　ハピ代は君を心配してるんや。

大丈夫や！　今から努力すれば成績は上がる！

ハピ代のおみくじは辛口やけど，本当は優しさでいっぱいなんや。

3章 ポジティブでいれば乗りこえられる!

問題解決までの道のり

困ったことが起こったときも，あきらめずポジティブに解決方法を考えてみよう！

問題発生！

例 ポジ郎が動かない！

ポジティブなら…。

ネガティブだと…。

原因は何だろう？

うーん…

電力が足りないからか？

ま，いいか…。 終了

わかんないよ。 終了

どうすればいいのかな？

ピンッ！

充電が必要だ！

どうにもならないな。 終了

そのために何をすればいいのかな？
自分にできることは何かな？

助けを呼ぼう！

周りの人に知らせよう！

バッテリーを持ってくる！

実際にやってみよう！

そんなの意味ないよ。 終了

うまくいった！！

失敗した…。

もう1回やってみよう！

もうあきらめよう…。 終了

自分で考えて乗りこえられたら自信がつくで！

ポジティブ思考は将来ずっと役に立つ

レギュラー昇格テストの日…！

よっしゃ！
行って
きまーす！

がんばって
ね—！

お—い、
ポジ郎！
行くぞ—！

し～ん…

なんだよもう…
出かけたのか？

あら、
早いのね。

運命の日
だからな！
ちょっと待って！
渡すものが…。

おぅ！
ハピ代

え—っ!!
いらないよ、
こんな日に
辛口おみくじ！

にゅっ

くぇっ
もらっちゃった

テスト
終わってから
読んでね～。

118

3章 ポジティブでいれば乗りこえられる！

将来も役に立つポジティブ思考

ポジティブな考え方ができれば，不安や失敗を乗りこえて，自分で夢をかなえていく力が身につくよ！

●自分に自信が持てるから…

難しいことにも
チャレンジ
できる！

●周りの人と協力できるから…

リーダーや
まとめ役も
できる！

●自分で考えて行動できるから…

なりたい自分に
近づける！

ポジティブ思考は，これからの人生のいろんな
場面で君たちを支えてくれるぞ！

ワシもハピ代に甘えず一人でがんばってみようと思う。だから旅に出ることにした。

はやとも、どうか元気でな！

ポジ郎

だまって行っちゃうなんてひどいよ！！

うわーん

……。

ボウヤもがんばんなさいよ！

アタシもそろそろ他の場所でチャレンジしてみるわ。

ガラガラガラ

!?

…当たり前だ！やっとレギュラーになれたんだ！

ポジ郎にもハピ代にも負けないぞ！！

じゃあこれ。お世話になったお礼よ。

…ごめん。実はからいのあんまり好きじゃないんだ。

ポジ郎誕生の秘密

126

新メニュー
世界のポジぎり!

辛口クッキーHAPIYO

リゾット

ちまき

きんぱ

パエリア